AF404034

MÉMOIRE

ADRESSÉ

A LA CHAMBRE DU CONSEIL

DU TRIBUNAL DE LA SEINE,

SUR LA SAISIE DE DIVERS ÉCRITS;

PAR LES AUTEURS DU CENSEUR.

A PARIS,

DE L'IMPRIMERIE DE RENAUDIERE,
rue des Prouvaires, n°. 16.

1817.

MÉMOIRE

Adressé à la chambre du conseil du tribunal de la Seine, sur la saisie de divers écrits;

PAR LES AUTEURS DU CENSEUR.

C'est une chose fort bizarre que la justice insti‑
tuée par nos codes ci-devant impériaux. On peut,
sous leur régime, se trouver dans les mains des
tribunaux criminels pendant des années, sans
savoir pourquoi l'on s'y trouve, et même sans
en avoir le moindre doute. Au moment que
vous vous y attendez le moins, deux ou trois
agens de police arrivent chez vous; ils vous ex‑
hibent un ordre qui leur enjoint de s'emparer
de vos manuscrits; saisissent ceux qui leur con‑
viennent, et les emportent. D'autres agens de
police assiégent en même temps les ateliers de
votre imprimeur; un certain nombre de leurs
camarades s'y introduisent, s'emparent de l'ou‑
vrage suspect s'il est imprimé, brisent les plan‑
ches s'il ne l'est point, et s'enfuient avec leur
proie, sans qu'il reste le moindre signe de l'expé‑

dition des uns ou des autres. Tout cela n'empêche
pas que chacun n'ait le droit de publier librement
ses opinions; mais c'est un accident à la liberté
de la presse, comme les expéditions des barba-
resques sont un accident à la sûreté individuelle.

Si, ne pouvant racheter à la police le livre
captif, vous implorez le secours du pouvoir judiciaire, de ce pouvoir que les lois proclament
indépendant pour votre sûreté, M. le substitut
du procureur du Roi vous arrête tout net par
ces terribles paroles : « Les actes dont se plai-
» gnent les demandeurs ont été exécutés par des
» agens du gouvernement ; or le pouvoir judi-
» ciaire indépendant ne peut juger les délits des
» agens du gouvernement, que lorsque le gou-
» vernement lui en accorde la permission : ainsi
» le veulent les constitutions impériales. La de-
» mande doit donc être rejetée par fin de non-
» recevoir. » Il faut donc, pour repousser la fin
de non-recevoir de M. le substitut, compulser
les sénatus-consultes, les décrets impériaux,
les avis du conseil d'état, enfin, tous les actes
dans lesquels nos libertés ont été enlacées pendant
quatorze ans : il faut examiner si ces actes ont
survécu au pouvoir qui les avait créés, et prouver, contre M. le substitut du procureur du Roi,
que la charte n'est pas un acte additionnel aux

constitutions de l'empire. Ce travail peut effrayer, quand on a peu de goût pour les recherches fastidieuses.

Si vous prenez le parti d'attendre qu'il plaise à l'autorité de faire juger elle-même si le livre est criminel, vous pourrez bien ne le savoir jamais. Il faut écrire au ministre, au procureur du Roi, au procureur-général ; il faut suivre, en un mot, toute la hiérarchie des pouvoirs, pour obtenir d'*être livré à justice*. Lorsque cette faveur vous est accordée, M. le procureur du Roi rédige un réquisitoire dont vous ne connaissez pas un mot, et l'envoie au juge d'instruction ; enfin, celui-ci vous adresse un mandat de comparution. Vous vous présentez devant lui, et il vous interroge. Mais sur quoi ? Sans doute sur le délit qui vous est imputé, et sur les passages du livre qui ont paru répréhensibles ? Non ; il ne vous dit pas même si vous êtes accusé d'un délit; il vous fait voir un livre qui est ou paraît être un exemplaire de l'ouvrage saisi; il vous demande si vous en êtes l'auteur, vous en fait parapher la première et la dernière feuille, et vous renvoie, sans s'informer si les passages présumés criminels vous appartiennent, s'ils n'ont point été ajoutés sans votre aveu, si vous y avez attaché le sens qu'il leur donne, ou s'ils ne proviendraient pas

1 *

de quelques erreurs de typographie. Cette formalité remplie, le juge d'instruction fait son rapport à la chambre du conseil, qui décide s'il y a lieu ou non de décerner contre le prévenu un mandat de prise de corps.

Telle est en peu de mots l'histoire des auteurs du Censeur. Le septième volume de leur ouvrage a été saisi le 4 septembre 1815, et ce n'est qu'au mois de mars 1817, et après beaucoup de démarches inutiles, qu'ils sont parvenus à faire arriver l'affaire devant la chambre du conseil, sans qu'il leur ait été possible néanmoins de connaître pour quelles causes la saisie a eu lieu. Comme cette chambre peut, sur le rapport du juge d'instruction, décerner des mandats de prise de corps, et que les gendarmes et les prisons sont des objets peu aimables, même sous le régime le plus paternel, les auteurs du Censeur croient devoir se justifier des inculpations qui ont pu être dirigées contre eux.

Mais comment se justifier d'une imputation qu'on ignore ? La chose est difficile, quand on n'a point vécu en pays d'inquisition, et qu'on croit n'avoir aucun reproche à se faire. Dans ce cas, il n'est pas d'autre moyen de se justifier que d'exposer sa conduite, et, supposant ensuite tous les délits imaginables , de prouver qu'aucun n'a pu exister.

Les quatorze années du règne de Bonaparte avaient inspiré à tous les hommes qui avaient su apprécier son gouvernement , une horreur profonde pour les mesures arbitraires. Ce sentiment et quelques actes peu réguliers du ministère donnèrent naissance au Censeur. Persuadés qu'un gouvernement qui attaque la loi qui lui sert de base, doit tomber aussitôt que cette loi n'existe plus , les auteurs de cet ouvrage se proposèrent de ramener l'autorité vers les principes du gouvernement, toutes les fois qu'elle s'en écarterait.

« Jamais un gouvernement , écrivaient-ils dans le mois de juin 1814, ne fut plus intéressé à respecter et à faire respecter les lois que celui qui vient de s'établir en France. On ne peut se dissimuler que les Français sont partagés en deux classes essentiellement opposées. Ceux qui composent la première , tendent continuellement à renverser tout ce qui s'est fait depuis vingt-cinq ans ; ceux qui composent la seconde, s'opposent à ce renversement, parce qu'ils craignent de voir consommer leur ruine ou rétablir les anciens abus. Si, par des actes arbitraires, les ministres augmentent l'audace des premiers et les craintes des seconds , *ils nous entraîneront infaillible-ment dans les horreurs d'une guerre civile dont tout le monde peut prévoir les résultats* (1).

Les mêmes craintes furent manifestées dans le mois de juillet suivant. Un des auteurs suppo-sant un ministre appelé à l'honneur d'éclairer le prince sur ses véritables intérêts, le faisait parler en ces termes : « Méfiez-vous de ces hommes lâ-ches qui se sont successivement vendus à tous les gouvernemens, et qui viennent vous jurer fidé-lité sous la livrée même du dernier maître qu'ils ont trahi..... Dans la crainte de perdre les fa-veurs du dernier chef de notre gouvernement, ils lui ont constamment caché la vérité , et ils l'ont perdu pour faire fortune. Soyez bien convaincu qu'ils vous la dissimuleront avec le même soin , *et qu'ils vous perdront également, si cela peut les arranger* (2).

Les journaux soumis à la censure des agens du ministère avaient jeté l'alarme parmi les ac-quéreurs de domaines nationaux , les fonction-naires publics qui n'avaient pas été confirmés dans leurs fonctions, et les hommes qui avaient pris une part plus ou moins active dans les évé-

---

(1) Censeur , tom. 1er., pag. 19 , dernière édition.
(2) *Id.* , pag. 78.

nemens de la révolution. Une mesure du ministre de la guerre fit bientôt partager les mêmes craintes à l'armée. « On serait tenté de croire, disaient les auteurs du Censeur, que la mesure est prise par un lieutenant de Bonaparte, *aspirant secrètement à préparer le retour de son maître.* » (1)

Ce pressentiment pouvait être mal fondé ; cependant il s'était à peine écoulé deux mois depuis le jour où il avait été manifesté, que Bonaparte commandait dans Paris. Après le rétablissement du gouvernement royal, le ministre, auteur de la mesure, a été banni comme ayant favorisé l'invasion. Son bannissement ayant eu lieu sans jugement, peut ne pas prouver sa culpabilité, mais il prouve au moins que les craintes des auteurs du Censeur n'étaient pas tout-à-fait sans fondement.

Cependant les efforts qu'ils avaient fait pour éclairer l'administration sur les dangers auxquels un mauvais système exposait le gouvernement, ayant été vains, et l'irritation des esprits peu éclairés étant arrivée à son comble, Bonaparte se précipita sur la France, et tous les hommes que des dangers chimériques avaient effrayés se joignirent à lui. Comme il arrive toujours, les hommes qui

____

(1) Censeur, tom. 3, pag. 239, troisième édition.

avaient fait le plus de protestations au gouvernement royal, dans les temps de sa prospérité, l'aban-
donnèrent aussitôt qu'ils le virent sérieusement
menacé, et ceux qui avaient mis le plus d'op-
position à des actes qui devaient le perdre, se
présentèrent seuls pour le défendre. Tout cela
était dans l'ordre : les uns n'aspirant qu'à la faveur, devaient se retirer dès qu'il y aurait quelque danger à courir ; les autres ne voulant que
le maintien des libertés de la nation, devaient les
défendre tant qu'il y aurait quelque espoir de les
maintenir.

Bonaparte avançant à grandes journées vers la
capitale, les auteurs du Censeur essayèrent de
démontrer que pour échapper à un danger chi-
mérique, on courait à une perte inévitable. La
crainte de voir détruire sans retour les garanties
constitutionnelles ayant été cause de la défection
d'une grande partie de l'armée, ils prouvèrent
que nulle garantie de cette nature ne pouvait
exister sous Bonaparte, parce qu'en supposant
qu'il donnât ou qu'il acceptât une constitution,
il aurait toujours les moyens de la détruire.

« Dans une monarchie constitutionnelle, disaient-ils, le prince devant être inviolable, ne
peut exercer par lui-même aucune partie du pouvoir exécutif ; il faut nécessairement qu'il le dé-

lègue, afin que la loi puisse trouver une personne responsable, dans le cas où l'on en ferait un mauvais usage. Ainsi, le prince délègue au chancelier (ministre de la justice) les pouvoirs que la constitution lui défère relativement à l'ordre judiciaire ; au ministre de l'intérieur, les pouvoirs qu'il a sur l'administration intérieure du royaume ; et au ministre de la guerre, les pouvoirs qu'il a sur les armées. Ces ministres ont ensuite sous leur responsabilité des agens par lesquels ils font exécuter les lois.

» Au moyen de ces mesures, le gouvernement jouit d'une stabilité constante, puisque le chef en est inviolable. De leur côté, les citoyens jouissent de la plus grande sécurité et de la plus grande liberté possibles , puisque les agens de l'autorité ne peuvent leur faire aucun mal sans en être responsables. Mais détruisez cet ordre de choses, et supposez que le prince, sortant de la place que la constitution lui assigne, devienne en quelque sorte un agent du pouvoir exécutif ; supposez, par exemple, qu'il aille se mettre à la tête des armées ; il est évident que, dès ce moment, la constitution est renversée , et qu'il n'existe pour les citoyens ni sûreté ni liberté, puisque le prince qui est inviolable et qui agit sans l'intermédiaire du ministre sur lequel la loi fait peser la responsabilité , peut impunément attenter à tous leurs droits.

» Dans une telle position, le prince est pour ainsi dire hors de l'impire des lois ; il peut opprimer les citoyens , renverser la constitution , détruire les armées par ses extravagances , et livrer l'État à des armées ennemies, sans qu'il soit possible de trouver quelqu'un sur lequel on puisse faire peser la responsabilité (1). Et , en effet, s'il se commet des actes attentatoires à la liberté des citoyens ou à la sûreté de l'État, de qui se plaindra-t-on ? Du ministre ? non , car il dirait, avec raison, qu'il est institué pour recevoir des ordres du prince, et non pour lui en donner. Se plaindra-t-on du prince qui aura fait mouvoir les armées ? il dira qu'il est inviolable et qu'il n'a pas de compte à rendre de sa conduite. Il est donc de la dernière évidence que tout état , dont le chef commande les armées, est un état essentiellement despotique dans lequel on ne peut trouver ni sûreté ni liberté.

» Ainsi, quand même Bonaparte donnerait à la France toutes les garanties possibles ; quand

____

(1) Si ces vérités avaient pu paraître douteuses au moment où elles ont été publiées , la bataille de Waterloo et les suites qu'elle a eues auraient dissipé tous les doutes.

même il établirait la constitution la plus forte que l'esprit humain puisse imaginer, il pourrait la renverser dès qu'il en aurait la volonté ; puisque, pour y parvenir, il n'aurait qu'à sortir du centre dans lequel la constitution l'aurait placé, et à devenir, en quelque sorte, l'agent de son propre pouvoir, en se mettant à la tête des armées. Il résulte de-là que tout peuple qui veut être libre, ne doit jamais prendre pour chef un homme qui a l'habitude de commander les armées, sur-tout lorsque cet homme est parvenu à acquérir un grand ascendant sur l'esprit des soldats.

» Les habitudes qu'un chef militaire est obligé de contracter aux armées, sont un nouvel obstacle à l'établissement d'un gouvernement légitime, c'est-à-dire fondé sur les lois. L'obéissance militaire aux armées exclut presque toute espèce de raisonnement. Celui qui commande, bien loin d'exposer les motifs de ses ordres, est au contraire obligé de les cacher ; et ses soldats ne sont, en quelque sorte, que des machines de guerre, qui obéissent à une volonté qui leur est inconnue à peu près comme l'aiguille d'une montre obéit au ressort qui la fait mouvoir.

» Lorsqu'un homme a contracté l'habitude du commandement militaire, et qu'il parvient à semparer des rênes de l'État, il veut trouver dans les citoyens, dans les magistrats, et jusques dans les assemblées délibérantes, la même obéissance qu'il a trouvée dans ses soldats. A ses yeux, la résistance à l'arbitraire est la même chose que la rebellion, et tout raisonnement est de l'insubordination. L'obéissance passive, c'est-à-dire le despotisme absolu, est donc le principe fondamental de son gouvernement. . . . . .

» Bonaparte réprimerait sans doute l'intolérance du clergé et la morgue de ces preux chevaliers que le retour des Bourbons a fait sortir de la poussière; mais il ne les réprimerait que par la violence ou par la terreur qu'inspire un despote; et le même sentiment de crainte qui imposerait silence aux uns et aux autres, agirait avec la même force sur les hommes qui peuvent éclairer leurs semblables : de sorte que la vérité serait comprimée avec plus de violence encore que le mensonge, puisqu'il rétablirait probablement toutes ces institutions par lesquelles il avait cru pouvoir nous rendre stupides.

» Cependant, comme les despotes ne sont pas plus immortels que les autres hommes, il viendrait un temps où il cesserait d'être à craindre ; les hommes qu'il aurait comprimés sans les éclairer, reparaîtraient alors avec toute leur ignorance et tout leur orgueil; il y aurait seulement cette différence, que la génération qui se serait formée sous son règne, et qu'il aurait rendue stupide et rampante, serait beaucoup mieux disposée à recevoir toutes les sottises qu'on voudrait lui débiter, et à supporter l'insolence des anciens ou des nouveaux parvenus. Ainsi, en voulant comprimer le mal, on ne ferait que l'aggraver au lieu de le détruire.

» Les propriétaires des domaines nationaux auraient quelques inquiétudes de moins ou plutôt leurs inquiétudes seraient moins sensibles, parce qu'elles deviendraient générales. On ne craindrait pas de se voir dépouiller de son champ, s'il n'était pas à la convenance de **Sa Majesté Impériale**; mais on n'en serait plus que le fermier, et le produit en serait dévoré par des nuées de commis ou de garnisaires. Le despotisme militaire écraserait les talens, le commerce et l'agriculture; et les mères n'enfanteraient que pour faire des victimes ou des janissaires.

» J'ai dit que sous le règne actuel le renversement de nos institutions était impossible, parce que la force de résistance était au moins centuple de la force d'action ; mais sous le gouvernement impérial la force d'action serait centuple de la force de résistance. Ainsi, lors même qu'il

serait possible de supposer que le premier n'est
pas mieux intentionné que le second, et que celui-
ci donnerait les mêmes garanties que celui-là,
le premier serait encore cent fois préférable.

» Nous ne dissimulerons pas que le gouvernement n'ait commis de grandes fautes ; mais à qui
faut-il les imputer, et quels sont les hommes qui
ont osé faire parvenir la vérité jusqu'au Roi ? Il
en est quelques-uns sans doute ; mais ils ont été
en si petit nombre, que leur voix a été couverte
par les clameurs des courtisans qui ont trouvé
le moyen de les faire passer pour des factieux.
S'il fallait mettre, d'ailleurs, en compensation
les fautes des gouvernemens, j'ai peine à croire
que celui qui a été déjà renversé eût beaucoup à
gagner à ce compte.

« Cependant Bonaparte s'avance avec ses soldats, et c'est avec des baïonnettes qu'il vient
nous donner des lois, et qu'il nous apporte la
liberté. Dans cette lutte terrible qui va s'engager,
que deviendra la France ? Reprendra-t-elle le
joug sous lequel elle a si long-temps gémi ? et
sera-t-elle asservie par les mêmes hommes qui,
jusqu'à ce jour, avaient versé leur sang pour la
défendre ? Nous osons espérer qu'elle ne succom-
bera point ; mais si, par un malheur que nous
n'osons prévoir, elle était encore asservie, il

nous resterait du moins la consolation d'avoir défendu sa liberté tant qu'il nous a été possible de nous faire entendre. »

L'écrit dans lequel se trouvent ces passages fut publié trois jours avant l'entrée de Bonaparte dans Paris. Déjà les journalistes les plus zélés s'étaient condamnés au silence, et attendaient l'événement pour savoir s'il fallait condamner ou approuver l'invasion de l'ex-empereur. Un seul journal (celui de Paris) osa annoncer un ouvrage qui pouvait faire ouvrir les yeux aux hommes que leurs passions avaient égarés.

Cependant, tandis que les auteurs du Censeur s'efforçaient de présenter l'attentat de Bonaparte sous son véritable point de vue, des hommes qu'on avait vus jadis au nombre de ses plus vils adulateurs, et qui n'attendaient peut-être pour le louer encore que de le voir rétabli sur son trône, les présentaient à l'autorité et à la nation comme ses complices. Un des rédacteurs de la Quotidienne, notamment, mit une telle violence dans ses imputations, que les auteurs du Censeur crurent devoir ne lui répondre qu'en le citant devant le tribunal de police correctionnelle.

Le journaliste voyant que Bonaparte avançait, et que sous son règne l'imputation d'avoir concouru à son rétablissement ne pourrait pas être considérée comme une calomnie, demanda le renvoi de la cause à une autre audience. Les auteurs du Censeur s'opposèrent à ce que le renvoi fût ordonné ; ils dirent que plus le danger approchait, plus l'entreprise de Bonaparte paraissait devoir réusir, et plus l'imputation d'avoir cherché à favoriser son entreprise acquérait de gravité.

Après une contestation assez vive sur la question de savoir si la cause serait ou non renvoyée, le tribunal ordonna aux parties de plaider. Les auteurs du Censeur firent remarquer combien étaient graves les imputations du journaliste ; ils observèrent ensuite qu'elles n'étaient fondées sur aucune preuve ; et enfin ils démontrèrent que, bien loin d'avoir voulu favoriser le retour de Bonaparte, ils avaient toujours cherché à faire ressortir les vices de son gouvernement. Après avoir cité les passages les plus remarquables du Censeur, ils en présenteront le résumé en ces termes :

« En récapitulant les principaux traits des passages que vous venez d'entendre, vous voyez que nous avons accusé Bonaparte d'avoir renversé le gouvernement établi, et usurpé la suprême puissance ; de s'être ménagé, dans la constitution qu'il nous a donnée, tous les moyens de nous asservir; d'avoir créé une représentation nationale qui, loin d'offrir des garanties à la liberté, n'était qu'un instrument de tyrannie; d'avoir mis le despotisme dans les institutions pour le faire passer ensuite dans les mœurs; d'avoir placé sous sa main l'armée, tous les trésors de l'Etat, les colléges électoraux, les corps représentatifs, les tribunaux, les administrations communales et départementales, la liberté de la presse, l'éducation publique, la religion, et d'avoir fait de tous ces moyens d'action autant d'instrumens de despotisme ; de n'avoir régularisé l'éducation que pour la mieux corrompre, et d'avoir fait mutiler les ouvrages classiques qui pouvaient inspirer aux jeunes gens des sentimens généreux et des idées libérales; de ne s'être servi de la liberté de la presse dont il avait entièrement ravi l'usage à la nation, que pour faire calomnier, selon ses vues, les hommes et les gouvernemens, et faire propager dans la nation les plus pernicieuses doctrines; de ne s'être servi de la religion que pour faire considérer l'obéissance à sa volonté comme le plus saint des devoirs, et la résistance à la tyrannie comme un crime digne de la damnation éternelle ; de s'être servi du trésor public pour enrichir des courtisans inéprisables et faire descendre la corruption dans tous les rangs de la société ; d'avoir fait de la force armée un instrument de terreur pour la France, de dévastation et de ruine pour l'Europe ; d'avoir attenté mille et mille fois à la sûreté des personnes, de les avoir fait enlever du sein de leurs familles, et précipiter dans des cachots où elles étaient souvent condamnées à périr sans être jugées ; d'avoir fait étrangler Pichegu et assassiner d'Enghien ; d'avoir aspiré à la domination universelle, et après avoir, pour y parvenir, fait périr sept ou huit millions d'hommes, dévasté des provinces, saccagé, incendié des villes et fait massacrer leurs habitans; d'avoir encore exposé la France à la conquête, et de lui avoir fait perdre ses provinces les plus florissantes; enfin, d'avoir fait du gouvernement un instrument terrible à l'aide duquel il parvenait à absorber tous les talens, toute l'activité, toute l'industrie, toutes les ressources de la France pour les faire servir à des desseins également désastreux et criminels . . . . . »

Le précédent journaliste garda le silence sur l'imputation dont il était accusé, et il fit demander le renvoi de la cause à une autre audience. Le tribunal ordonna qu'il lui serait fait un rapport par un de ses membres , sur la plainte en calomnie.

Environ quinze jours après le rétablissement de Bonaparte sur le trône , les auteurs du Censeur furent appelés devant le juge-rapporteur, pour savoir s'ils persistaient dans leur plainte en calomnie. Le magistrat qui les interrogea leur fit observer que l'imputation d'avoir coopéré au rétablissement du gouvernement impérial , ne pouvait désormais les exposer à aucune peine , et qu'ainsi ils n'avaient aucun intérêt à faire reconnaître la fausseté de l'imputation. Ils répondirent qu'ils persistaient dans leur plainte en calomnie, parce que, si l'imputation d'avoir concouru au rétablissement de Napoléon sur le trône ne les exposait à aucune peine, *l'imputation d'avoir cherché à renverser le gouvernement établi les exposait au mépris public.* Cette déclaration faite sous le gouvernement impérial fut consignée dans les registres du greffe, et doit s'y trouver encore.

Les idées qui avaient été comprimées sous le gouvernement impérial s'étant réveillées immédiatement après qu'il eût été renversé , Bonaparte sentit, en reprenant les rênes de l'état, qu'il avait besoin de se concilier l'esprit public. Pour y parvenir, il chercha à attirer dans sa

2 *

cause les hommes qu'il croyait exercer quelqu'in-
fluence sur l'opinion. Les auteurs du Censeur
furent jugés être de ce nombre. A toutes les pro-
positions qui leur furent faites , ils répondirent
comme les Lacédémoniens à Philippe , Non ; et
la France n'eut pas été envahie si chacun eut
fait la même réponse.

Les auteurs du Censeur ne s'en tinrent pas
là. N'ayant plus à défendre un gouvernement
dont les élémens avaient été dispersés , ils pro-
testèrent solennellement contre la nouvelle usur-
pation , et montrèrent à nu la despotisme militaire qu'on enveloppait d'une apparence de liberté. Après avoir exposé la situation dans laquelle les Français se trouvaient , ils s'expri-
maient en ces termes :

« Dans une telle position, la première question qui se présente à l'esprit est de savoir *quels
sont les droits des hommes qui nous gouvernent.*
Napoléon , après sa déchéance , son abdication et
l'établissement du gouvernement des Bourbons ,
a-t-il conservé ses droits à l'empire ? S'il ne les
a point conservés , les a-t-il reconquis par son
apparition sur le territoire, et par le fait seul qu'il
s'est mis à la tête du gouvernement ?

» Aujourd'hui, l'on proclame la souveraineté
nationale. Le conseil d'état lui-même exposant

les principes qui font, dit-il, la règle de ses opinions et de sa conduite, reconnaît que la souveraineté réside dans le peuple, seule source légitime du pourvoir. Nous croyons que cette profession de foi est sincère, et qu'elle n'a pas pour objet de tromper un peuple qu'on peut encore momentanément asservir, mais qu'on ne saurait plus abuser; c'est donc en partant de ce principe que nous allons examiner les questions que nous avons proposées.

» Lorsque les armées coalisées sont entrées dans Paris, les Français étaient réduits à un tel état d'oppression, d'avilissement et de misère, qu'ils n'ont pas senti d'abord ce qu'avait d'humiliant la présence de leurs ennemis dans le sein de leur capitale. Le gouvernement impérial, qui pesait sur eux depuis si long-temps, s'est écroulé, et ils en ont vu la chute avec une joie unanime. Les anciens républicains, les votans même qui avaient tout à craindre du retour des Bourbons, ont partagé à cet égard les sentimens de leurs concitoyens.

» L'un de ces derniers, qu'on n'a jamais accusé ni de lâcheté, ni de flatterie, a écrit : le retour des Bourbons produisit en France un enthousiasme universel, ils furent accueillis avec une effusion de cœur inexprimable; les anciens républicaïns partagèrent sincèrement les transports de la joie commune. Napoléon les avait particu-lièrement tant opprimés, toutes les classes de la société avaient tellement souffert, qu'il ne se trouvait personne qui ne fût réellement dans l'ivresse. (Mémoire de M. Carnot.)

» En proclamant le renversement du gouver-nement impérial, le sénat et le corps législatif n'ont donc été que l'organe de l'opinion pu-que ; et c'est peut être la première fois, depuis douze ans, qu'ils ont pris une délibération con-forme aux vœux des citoyens. Si donc il est vrai que la souveraineté réside dans le peuple, comme l'a dit le conseil d'état, il est incontestable que le gouvernement impérial a été légitimement renversé.

» Il est, au reste, fort indifférent que Napo-léon ait ou non abdiqué l'empire, et que son abdication ait été libre ou forcée ; car, si l'on prétend qu'un gouvernement, après avoir détruit ou tenté de détruire toutes les garanties stipulées par le peuple qui s'est confié à lui , ne peut être renversé sans son propre consentement, on doit convenir que Louis XVI a toujours conservé la couronne de France, et qu'il l'a transmise à ceux de ses parens qui lui ont survécu.»

Après avoir démontré que Bonaparte ne jouissait que d'une autorité usurpée, les auteurs du Censeur firent voir que dans ses actes il suivait le système de duplicité qui avait toujours fait la base de son gouvernement, et qu'il ne proclamait des principes de liberté que par des actes arbitraires. Son Champ-de-Mai, son acte additionnel, son abolition de la noblesse furent montrés sous leur véritable point de vue, et cette fois du moins le public ne fut pas dupe.

Le cinquième volume du Censeur fut saisi, comme on s'y attendait bien; mais il fut beaucoup plus facile de le prendre que de le garder. Proclamer la liberté de la presse, et faire saisir en même temps le premier ouvrage dans lequel on avait fait entendre la vérité, c'était se démasquer trop ouvertement dans un moment où l'art de tromper le public était le seul moyen de salut. On essaya donc, après ce premier coup d'autorité, d'obtenir que les auteurs fissent volontairement le sacrifice des articles qui déplaisaient. Sur leur refus de participer à des actes qui tendaient à égarer le public, on les menaça de les mettre en jugement; mais on ne se crut pas assez fort pour exécuter cette menace. Et telle était la puissance de l'opinion, que celui qui avait bien pu renverser un gouvernement, n'eut pas assez de force pour supprimer un livre.

(24)

Voyant que le rétablissement de Bonaparte allait attirer sur la France toutes les armées de l'Europe, les auteurs du Censeur publièrent la lettre du comte Clancarty au ministre Castele-reagh, de laquelle il résultait que les puissances ne voulaient pas traiter avec l'ex-empereur, et qu'elles n'entreprenaient la guerre que pour le renverser une seconde fois du trône.

« Il résulte de cette lettre, disaient-ils, que les puissances coalisées considèrent Napoléon comme un obstacle à l'établissement d'une paix durable; qu'elles refusent de traiter avec lui, et même de recevoir ses plénipotentiaires, parce qu'elles ne croient point à sa parole, seul gage qu'il puisse leur donner, disent-elles, de ses intentions pa-cifiques; que si elles sont obligées de porter leurs armes dans le sein de la France, ce n'est ni dans l'intention d'imposer un gouvernement au peuple français, ni même dans l'intention de lui faire la guerre, mais seulement afin de détruire l'obs-tacle qui s'oppose à l'établissement de la paix en Europe.

» Les puissances coalisées desirent la paix; la France la desire également; elles ne veulent pas qu'à l'avenir Napoléon puisse bouleverser les Etats de l'Europe, et nous ne le voulons pas davantage : cependant leurs armées et les nôtres

sont en présence, et le sang d'un million de soldats est prêt à couler. Quelle est donc la cause
de la guerre ? un seul homme. Comment peut-on
l'éviter ? en mettant cet homme dans l'impossibilité de troubler la paix de l'Europe. Tous les
peuples desirent-ils qu'on le place dans cette
impossibilité ? Oui, tous les peuples le desirent.
Pourquoi donc n'est-on pas d'accord ? C'est
qu'en voulant arriver au même but, on ne
cherche point à s'entendre sur les moyens.

» En 1814, Napoléon, si l'on en croit son
conseil d'état, abdique l'Empire, pour prévenir
une guerre civile, et pour mettre un terme à la
guerre étrangère. En 1815, il se ressaisit de
l'autorité. Sur-le-champ, la guerre civile éclate;
la France est menacée de l'invasion de tous les
peuples de l'Europe, et cependant il retient la
puissance dans ses mains. La patrie lui est-elle
moins chère cette année que l'année dernière ?...

» Il se présente une difficulté qui semble
rendre impossible toute mesure de rapproche-
ment entre la France et les puissances coalisées;
c'est que les relations d'une puissance à l'autre
sont exclusivement dans les attributions du gouvernement, et que les princes alliés ont refusé
positivement de recevoir les envoyés de Napoléon. Dans cette circonstance, comme dans beau-

coup d'autres, *le salut de l'Etat doit être la suprême loi* ; il faut donc que les représentans de la nation envoient des députés aux puissances étrangères, et qu'ils leur proposent de traiter avec la France, si elles ne veulent pas traiter *avec la personne qui se trouve à la tête de son gouvernement.* Les résultats de cette démarche nous apprendront *si c'est la France ou Napoléon que les puissances coalisées mettent hors de la loi des Nations.* »

Les assemblées ayant manqué de prévoyance ou d'énergie, l'autorité resta dans les mains de Bonaparte : tout le monde sait quelles en ont été les suites.

Le septième volume du Censeur était à moitié imprimé, lorsque le gouvernement royal fut rétabli. Le ministre de la police, Fouché, laissa composer l'autre moitié, et au moment où les auteurs s'occupaient à revoir les épreuves des dernières feuilles, il fit saisir l'ouvrage, tiré au nombre de 4500 exemplaires.

En s'informant au ministère de la police des causes de cette saisie, les auteurs du Censeur apprirent qu'on avait trouvé dans le volume saisi, des expressions dont l'amertume avait choqué l'autorité, et des critiques qui déplaisaient d'autant plus qu'on n'avait rien à y répondre. En parlant de l'ordonnance relative aux partisans de Bonaparte , ils avaient dit qu'il fallait amnistier les séditieux, parce qu'ils étaient trop nombreux pour être punis; qu'il fallait punir suivant la rigueur des lois les conspirateurs qui avaient préparé le retour de Bonaparte , en laissant aux tribunaux le soin de les rechercher et de les juger ; enfin, que les listes ne pouvaient servir qu'à jeter un voile sur un événement qu'il importait beaucoup d'éclairer, et à substituer peut-être des hommes peu coupables aux véritables criminels. Cette critique , quoique faite dans les termes les plus modérés, déplut souverainement. Le ministre tenait-il à ses listes par une suite de ses aciennes habitudes ; ou avait-il intérêt à prévenir les recherches ultérieures ? L'histoire le jugera. La critique de quelques autres ordonnances n'était pas moins bien fondée ; ce qui le prouve , c'est qu'elles ont été rapportées.

Tenant peu à des expressions qui en effet pouvaient être un peu vives, et ne voulant pas insister sur les vices de quelques actes qui avaient peu d'importance dans un moment où la France se trouvait envahie par les principales puissances de l'Europe, les auteurs du Censeur avaient consenti à quelques adoucissemens , au moyen desquels le ministre devait leur rendre leur ouvrage. Mais avant que les corrections eussent été faites, la chambre de 1815 arriva, le ministre fut renvoyé, et les affaires prirent une direction nouvelle.

Toutes ces circonstances avaient beaucoup retardé la publication du volume saisi; les auteurs du Censeur voulant faire connaître la cause de ce retard à leurs souscripteurs, firent imprimer une circulaire; la police la fit saisir.

Comme les esprits semblaient s'aigrir de plus en plus, et que les accusations de *bonapartisme* étaient indistinctement dirigées contre tous les hommes qui n'approuvaient pas les mesures violentes que voulait prendre le parti dominant, les auteurs du Censeur, pour prévenir les imputations calomnieuses, crurent devoir au public un exposé de leurs principes et de leur conduite sous le dernier gouvernement. Cet exposé fut inséré dans l'avant-propos de la quatrième édition d'une brochure dirigée contre le gouvernement impérial, et intitulée : *De l'impossibilité d'établir une monarchie costitutionnelle sous un chef militaire, et particulièrement sous Napoléon.* La quatrième édition de cette brochure était terminée par des pièces et par des réflexions dont l'objet était de tempérer les passions des hommes les plus exagérés, en leur prouvant que les bonapartistes les plus coupables n'étaient pas ceux qui s'étaient *aveuglément* jetés dans le parti de Napoléon. Cette brochure fut encore saisie par la police.

Ne pouvant plus attendre justice que des tribunaux, les auteurs du Censeur prirent le parti de faire citer le commissaire de police qui avait saisi leur septième volume, devant le tribunal de police correctionnelle , comme s'étant rendu coupable de violation de domicile et de spoliation.

Le ministère public prétendit qu'un commissaire de police , étant un agent du gouvernement , ne pouvait être mis en jugement sans une autorisation préalable du conseil d'état. Les auteurs du Censeur répondirent que cette autorisation n'était exigée que par les constitutions de l'empire ; que ces prétendues constitutions avaient disparu avec le gouvernement qui les avait créées , et que sous la charte le pouvoir judiciaire étant indépendant, les tribunaux pouvaient prononcer sur toutes les causes de leur compétence, sans aucune autorisation préalable de la part du gouvernement.

Le 18 novembre 1815 , il intervint un jugement par lequel, considérant qu'un commissaire de police avait la double qualité d'agent du gou-

verment et d'agent de police judiciaire, qu'il
était toujours présumé agir en cette dernière
qualité, à moins qu'il ne déclarât le contraire;
qu'ainsi il devait être cité, non devant le tribunal de police correctionnelle, mais devant
la cour royale ; le tribunal déchargea le commissaire de police de l'accusation dirigée contre
lui, sauf aux demandeurs à se pourvoir directement devant la cour royale, s'ils le jugeaient
à propos.

Les choses sont restées dans cet état jusques vers
le milieu du mois de décembre dernier, époque
à laquelle les auteurs du Censeur ont adressé à
son excellence le ministre de la police la lettre
suivante :

« MONSEIGNEUR,

» Votre excellence n'ignore pas que dans les
premiers jours de septembre 1815, le sieur Fellecoq, commissaire du 3e. arrondissement, en
vertu d'un ordre émané de votre excellence ou
de M. le duc d'Otrente, alors ministre de la
police générale, saisit chez notre imprimeur,
au moment où il allait paraître, le tome septième de notre ouvrage, intitulé *le Censeur*,
tiré à 4500 exemplaires. L'ouvrage n'ayant pas
été déféré aux tribunaux, nous ne pûmes con-

sidérer la saisie qui en avait été faite que comme une véritable spoliation, et en conséquence nous traduisîmes le commissaire de police qui l'avait opérée, devant le tribunal de police correctionnelle, en demandant qu'il fût condamné à nous payer d'abord le prix de notre édition, et de plus une indemnité proportionnée aux dommages qu'il nous avait causés. M. le procureur du roi prétendit que le sieur Fellecoq ayant agi comme agent du gouvernement, dans le fait qui donnait lieu à notre plainte, nous ne pouvions, aux termes de l'article 75 de la constitution de l'an 8, le poursuivre qu'en vertu d'une décision du conseil d'état. Nous n'eûmes pas beaucoup de peine à démontrer combien cette prétention était mal fondée; et sur notre défense, le tribunal, sans s'arrêter à l'exception proposée par M. le procureur du roi, et sans prononcer sur le fond de la plainte, considérant que le sieur Fellecoq, dans la saisie qu'il avait faite de notre ouvrage, avait agi en qualité d'officier de police judiciaire, et qu'en cette qualité il était justiciable de la cour royale, annulla la citation comme mal donnée, et nous renvoia à nous pourvoir devant la cour.

» Depuis, Monseigneur, nous nous sommes abstenus de donner suite à cette affaire. Nous avons cru, dans l'état d'agitation où se trouvaient les esprits, devoir faire ce sacrifice à la tranquillité publique. Cependant, en différant d'user de nos droits, nous n'avons pas renoncé à les faire valoir ; nous n'avons fait qu'en remettre l'exercice à des temps plus calmes, et nous sommes déterminés à reprendre très-incessamment, dans notre intérêt privé, sans renoncer à une adresse aux chambres dans l'intérêt de la chose publique, l'instance de notre affaire devant la Cour royale. Toutefois, Monseigneur, nous n'avons pas voulu faire cette démarche sans en donner avis à votre excellence, afin que si elle jugeait convenable de terminer cette affaire autrement que par un jugement, elle pût prendre une décision à cet égard. Nous sommes, etc. »

Cette lettre étant restée sans réponse de la part du ministre, les auteurs du Censeur lui en adressèrent une seconde, le 3 janvier suivant. Cette lettre était ainsi conçue :

« Vers le milieu du mois dernier, nous avons eu l'honneur d'écrire à votre Excellence, pour lui faire connaître l'intention dans laquelle nous étions de réclamer la valeur d'un ouvrage que nous croyons avoir été arbitrairement saisi en 1815 par le sieur Fellecoq, officier de police. Déjà nous aurions formé notre demande, si nous avions en le dessein de ne plus écrire ; mais voulant publier un autre ouvrage sur un plan nouveau et sous un autre titre, il nous importe de prouver au public, pour avoir droit à sa confiance, que, dans les écrits que nous avons publiés, nous n'avons jamais eu de dessein hostile contre qui que ce soit. Cependant on pourrait croire que nous agissons par esprit d'animosité, si, dès notre début, nous traduisions en jugement des agens de l'autorité pour des faits qui devraient être oubliés. Nous ne voyons, Monseigneur, qu'un moyen d'empêcher qu'on ait de nos intentions une opinion si fausse, c'est de prier votre Excellence, dans le cas où elle croirait que l'ouvrage saisi est plus répréhensible que ceux dont elle souffre journellement la publication, de vouloir bien elle-même le déférer aux tribunaux ; et dans le cas où elle croirait qu'il ne renferme rien de contraire aux lois, de vouloir bien nous le faire rendre, ou de nous en faire payer la valeur, à son choix. Si votre Excellence se détermine à nous le faire rendre, en supposant qu'il ne soit point avarié, nous la prions de mettre le moins de retard possible à nous faire connaître ses résolutions. Ce volume ne traitant que de matières générales, ou ne renfermant que des faits historiques, pourrait, au moyen de quelques corrections et d'un changement de titre, devenir le premier volume de l'ouvrage que nous allons publier ; de sorte que les matières qui s'impriment dans ce moment, et qui naturellement devraient former le premier volume, ne formeraient plus que le second. Quand celui-ci sera imprimé, il serait inutile de nous rendre l'autre, puisque nous ne voulons pas continuer notre premier ouvrage.

» Notre demande nous paraît si juste, que refuser d'y faire droit ce serait nous faire douter si nous ne sommes pas hors de la protection des lois ; et vous concevez, Monseigneur, que des hommes, pour si peu qu'ils se respectent, doivent chercher à sortir de cette incertitude, quoiqu'il en puisse arriver.

» Dans le cas où, contre notre volonté, nous serions réduits à jouer dans cette affaire le rôle de demandeur, au lieu de celui de défendeur que nous préférerions, nous espérons que votre Excellence ne trouvera pas mauvais que nous rendions publics les efforts que nous avons faits pour terminer cette affaire amiablement. »

Cette lettre fut suivie de la réponse suivante :

« Le ministre de la police générale a reçu la lettre de MM. Comte et Dunoyer, par laquelle ils réclament le septième numéro du Censeur.

L'ouvrage ayant été déféré aux tribunaux *immédiatement après la saisie*, cette affaire devient
étrangère aux attributions de son Excellence.

« Paris, le 6 janvier 1817. »

Le ministre de la police étant devenu étranger
aux saisies dont il s'agit, les auteurs s'adressèrent
au ministère public pour demander que l'affaire
fût poursuivie. Leurs sollicitations verbales étant
restées sans effet, ils adressèrent à M. le procureur du roi la lettre suivante, le 15 janvier :

« Monsieur ,

» Il y a environ quinze mois que la police a
fait saisir, 1°. l'entière édition du 7e. volume
du Censeur, tirée à quatre mille cinq cents
exemplaires ; 2°. une lettre adressée à nos souscripteurs, le 8 octobre 1815, pour leur annoncer
cette saisie : 3°. la 4e. édition d'une brochure ,
ayant pour titre : *De l'impossibilité d'établir
une monarchie constitutionnelle sous un chef
militaire, et particulièrement sous Napoléon.*

» Peu de temps après nous avons fait citer le
sieur Fellecoq, commissaire de police , auteur
de la première saisie , devant le tribunal de po-

3 *

lice correctionnelle, comme s'étant rendu coupable envers nous de spoliation et de violation de domicile. Un jugement de ce tribunal a reconnu que ce commissaire avait agi en qualité d'agent de la police judiciaire, et que par conséquent notre action devait être portée devant la cour royale.

» Les choses sont demeurées dans cet état jusqu'au mois de décembre dernier, époque à laquelle nous avons eu l'honneur d'écrire au ministre de la police, pour le prévenir que nous étions dans l'intention de reprendre nos poursuites contre le sieur Fellecoq, et pour lui faire savoir que, s'il desirait que cette affaire fût terminée autrement que par un jugement, nous nous prêterions volontiers à tout arrangement qui serait compatible avec la justice, et avec les égards dus à l'autorité. Cette lettre étant restée sans réponse, nous en avons écrit une seconde, pour mieux expliquer nos intentions.

» Le ministre, par une lettre du 6 janvier, nous a fait savoir que le 7e. volume du Censeur avait été déféré aux tribunaux immédiatement après la saisie, et qu'ainsi cette affaire ne le regardait plus.

» Comme nous avons des raisons pour suspendre notre action contre les auteurs des trois saisies, jusqu'à ce qu'il ait été jugé si elles ont été faites légalement, soit dans la forme, soit au fond, nous vous prions instamment, Monsieur, de vouloir bien déférer aux tribunaux les trois écrits saisis. Depuis environ quinze mois que l'autorité les a dans ses mains, elle doit avoir découvert, ce nous semble, les causes pour lesquelles elle nous les a fait enlever. Peut-être avez-vous déjà renvoyé cette affaire devant un juge d'instruction ; s'il en était ainsi, nous vous serions très-obligés, Monsieur, de nous le faire connaître, afin que nous puissions le prier de mettre le moins de retard possible dans la poursuite de cette affaire.

» Nous sommes, etc. »

Cette lettre n'ayant eu aucun résultat, les auteurs du Censeur se déterminèrent à écrire à M. le procureur-général, le 18 janvier, pour le prier de vouloir bien faire exécuter les lois. Ils lui adressèrent à cet effet la lettre suivante :

MONSIEUR ,

Il y a quinze mois que l'autorité a fait saisir trois écrits nous appartenant, 1°. l'entière édition du 7e. volume du Censeur ; 2°. une lettre en date du 8 octobre 1815, adressée à nos souscripteurs pour leur annoncer cette saisie ; 3°. la 4°. édition d'une brochure intitulée : *De l'impossibilité d'établir une monarchie constitutionnelle sous un chef militaire, et particulièrement sous Napoléon.*

« Ces écrits ne pouvant avoir été légalement saisis, que comme renfermant des choses punissables, nous devions attendre qu'ils seraient déférés aux tribunaux immédiatement après la saisie. Nous avions d'autant plus droit de l'espérer que l'article 53 du Code d'instruction criminelle en faisait un devoir à M. le procureur du Roi.

» Cependant, quoique nous ayons demandé à plusieurs reprises que cette affaire fût poursuivie, il nous a été impossible, jusqu'à présent, non-seulement d'obtenir justice, mais encore de connaître la cause par laquelle nos écrits ont été saisis. Il paraît même que M. le procureur du Roi n'a pas envoyé l'affaire à un juge d'instruction. Nous espérons, Monsieur, que vous voudrez bien faire que cette formalité indispensable soit remplie.

» Nous sommes, etc. »

Enfin, les auteurs du Censeur ont acquis la certitude que le ministère public avait mis la procédure entre les mains d'un juge d'instruction.

En conformité d'un mandat de comparution, ils se sont présentés devant lui pour être interrogés sur la question de savoir s'ils étaient les auteurs des écrits saisis.

Si, dans son interrogatoire, ce magistrat leur eût fait connaître les délits qui leur sont imputés, ils auraient probablement démontré l'erreur ou la fausseté des imputations ; mais ne leur en ayant donné aucune connaissance, ils se voient dans la nécessité de supposer tous les délits qui peuvent être commis au moyen de l'imprimerie, et de prouver qu'il n'en existe aucun dans les écrits saisis.

Ils doivent faire observer d'abord qu'il est impossible de juger un ouvrage par quelques phrases isolées. Pour connaître la pensée ou les intentions d'un auteur, il faut examiner, dans tout son ensemble, la doctrine qu'il professe. Tant qu'un ouvrage n'est point terminé, et que l'auteur n'a pas manifesté l'intention d'en publier des parties séparées, il est donc impossible de le juger, à moins qu'il se rattache à quelque complot ; et dans ce cas, ce n'est pas même l'écrit qui constitue le crime, il n'en fournit que la preuve. Or, le septième volume du Censeur a été saisi non-seulement avant d'être terminé, mais même avant que les épreuves des quatre ou cinq dernières feuilles eussent été corrigées. Si la partie imprimée renfermait quelque chose de répréhensible , les auteurs avaient la faculté de le faire disparaître avant de livrer l'ouvrage au public.

On trouve en tête de tous les volumes du Censeur , qui ont été publiés jusqu'à ce jour , les mots suivans : *Tout exemplaire non revêtu du timbre de l'administration sera* DÉSAVOUÉ *et réputé contrefait.* C'est donc par l'apposition de leur timbre , que les auteurs du Censeur manifestent l'intention de livrer leurs volumes au public ; tant que le timbre n'y a point été apposé , ils peuvent désavouer ce qui s'y trouve , et supprimer ou ajouter tout ce qu'ils jugent convenable. Pour établir qu'un volume du Censeur est répréhensible , il faut donc prouver que les auteurs y ont donné leur assentiment , soit en y apposant le timbre de leur administration , soit en le livrant au public, soit au moins en manifestant l'intention de le mettre en circulation dans l'état où il se trouve. Or , aucune de ces circonstances ne se rencontre dans le cas dont il s'agit , puisqu'un quart du volume était encore à imprimer. Si l'impression de l'ouvrage avait été clandestine, on pourrait supposer que les auteurs avaient des intentions contraires aux lois ; mais la déclaration prescrite par les réglemens relatifs à la librairie avait été faite ; la police avait donc été instruite par les auteurs eux-mêmes que l'ouvrage allait être imprimé ; et si elle voulait le juger, il fallait qu'elle attendît qu'il fût terminé.

Il est vrai qu'une loi sur les cris et les écrits séditieux a autorisé la police à faire saisir les manuscrits livrés à l'impression ; mais cette loi est postérieure à la saisie du septième volume du Censeur ; et si, dans cette cause, elle prouve quelque chose, c'est qu'avant qu'elle eût été rendue, le droit qu'elle a établi n'existait pas. Cette loi a attaché à la livraison d'un manuscrit à l'impression, l'effet qui auparavant n'était attaché qu'à la confection de l'ouvrage. Il est résulté de-là que les auteurs ont été obligés de porter dans la rédaction et la remise de leurs manuscrits, l'attention qu'ils devaient porter auparavant dans la confection et la publication des écrits imprimés. Mais, encore une fois, cette loi est étrangère aux faits antérieurs à sa publication. Si l'on rendait aujourd'hui une loi pour déclarer punissables des écrits ou des pensées qu'on n'aurait livrés ni au public ni à l'impression, on ne pourrait certainement pas l'appliquer aux écrits ou aux pensées antérieurs à son existence ; et ce qu'on ne pourrait pas faire pour

celle-ci , on ne peut pas le faire pour celle-là.
Lorsque le troisième volume du Censeur eût été
terminé , les auteurs en suspendirent la distribution pour y faire mettre un carton : ils n'eu-
rent besoin pour cela ni de l'intervention ni des
avis de la police , à qui d'ailleurs le fait était
étranger. Pourquoi n'auraient-ils pas fait à l'égard
du septième volume , ce qu'ils firent à l'égard du
troisième ? Croirait-on qu'ils comptaient assez sur
la bienveillance de la police, pour s'imaginer
qu'elle fermerait les yeux sur les erreurs qui auraient pu leur échapper dans la composition ?

Mais que peut-on trouver à reprendre dans
leur volume ? Ont-ils excité les citoyens à la ré-
volte ? Ont-ils calomnié les agens de l'autorité ?
Ont-ils prêché l'irreligion ou l'immoralité ?

Dans la première partie du volume , ils ont
traité *de la garde nationale dans les états li-*
bres , *de la responsabilité des agens du gouver-*
ment , *de la liberté individuelle* , et enfin *du*
jury établi par le Code d'instruction criminelle
de 1810. Ces articles rédigés et imprimés sous le
gouvernement impérial , ne renferment pas un
mot sur le gouvernement royal ; et à moins
qu'on ne veuille venger l'ex-empereur de ce qui
s'y trouve contre ses constitutions , il est impos-

sible de supposer qu'on y ait pris la matière d'une accusation.

Dans la seconde partie, il est rendu compte de la seconde édition du *Traité d'économie politique*, par M. Say; des *Principes politiques, applicables à tous les gouvernemens représentatifs*, etc. , par M. Benjamin Constant ; de l'*Exposé de l'état actuel de l'instruction publique en France*, par M. Izarn ; enfin *de la monarchie française, depuis le retour de la maison de Bourbon jusqu'au 1er. avril 1815*, par M. de Montlozier. Les trois premiers articles ont été imprimés pendant l'interrègne ; et il n'y est nullement question du gouvernement royal. L'auteur de l'article sur l'ouvrage de M. Benjamin Constant, en rendant compte des motifs qui engagèrent cet écrivain à accepter de Napoléon une place de conseiller d'état, a cependant rapporté, *sans les approuver*, deux passages qui pourraient blesser le gouvernement actuel s'ils étaient reproduits; mais ces passages littéralement copiés dans un ouvrage rendu public, peuvent d'autant moins donner lieu à une plainte qu'ils ne contiennent aucune espèce de provocation et que personne ne s'y trouve désigné. D'ailleurs ils étaient déjà imprimés quand le gouvernement actuel a été rétabli ; et comme ils n'ont pas été publiés , au moins par les auteurs du Censeur , ils ne peuvent donner lieu à aucune plainte , ainsi qu'on le verra bientôt.

- L'article sur l'ouvrage de M. de Montlozier a été écrit sous le gouvernement actuel , et l'on ne contestera point qu'il ne renferme des expressions un peu amères , dictées par la douleur de voir dissoudre l'armée et la chambre des représentans , dans un moment où il eût été si facile de s'en faire un appui contre des ennemis qui commençaient à ne plus dissimuler. Ces expressions toutefois ne renfermaient l'imputation d'aucun fait calomnieux , et elles tombaient bien moins sur le prince que sur ses conseillers (Fouché et autres.) « Aujourd'hui , disait l'auteur de l'article , en parlant de l'écrit de M. Montlozier, les événemens , par un retour subit , reportent toute notre attention sur la première partie , dont ils font en quelque sorte un ouvrage de circonstance , et nous laissent peu de loisir pour songer à de pures théories. S'il en est ainsi , nous n'avons point à critiquer un auteur ; nous n'avons guère qu'à écouter en silence la voix d'un citoyen plein de bon sens , de prudence , je dirai même d'impartialité , malgré toute sa doctrine patricienne.

» Et vous aussi , funestes conseillers d'un monarque malheureux , pour avoir suivi vos con

seils, malheureux pour les suivre encore, écou-
tez d'abord ces réflexions d'un véritable gentil-
homme Français.....»

« Ce passage et tous ceux que nous citerons sont
d'autant plus frappans qu'ils ont été écrits avant
l'événement qui les a si cruellement justifiés. »

L'auteur de l'article rapporte ici divers passages de l'ouvrage de M. de Montlozier ; il dé-
plore ensuite que des deux côtés on n'ait pas
sacrifié des prétentions qui lui paraissent avoir
fort peu d'importance. « Français de tous les
partis, de toutes les classes, s'écrie-t-il, je vous
le demande : avons-nous d'autre souverain que
le salut de la patrie? Ce qui peut faire le salut
de la nation est tout ce qui constitue *la souveraineté de la nationn*, et rien autre chose ne doit
être entendu sous ce mot fatal qui nous a été si
funeste par l'importance que l'on a mise tour-à-
tour à célébrer et à la prescrire. Non, le peuple
n'a point de volonté, et il n'en a jamais eu. Dans
les révolutions, il n'a que des passions et des fu-
reurs ; dans l'état ordinaire, il n'a que les vo-
lontés de son gouvernement, bon ou mauvais.
Non, pareillement, un monarque n'est pas le
souverain *absolu* d'une nation ; un monarque ne
dispose pas des droits politiques de ses sujets,
non plus que de leurs droits civils : les bestiaux

n'ont de fourrage qu'autant que le berger leur en octroie : les peuples n'auront-ils de liberté qu'à la même condition ? Quelle est donc la véritable origine des gouvernemens ? C'est le hasard, la force des choses ; c'est Dieu qui fait naître les gouvernemens d'une manière plus ou moins bizarre, plus ou moins régulière, et envoie les despotes sur la terre de même que les brigands et les voleurs de grand chemin. Où est donc la loi suprème ? *dans le salut de la patrie*. Quel est le juge ? *la raison, la conscience des bons citoyens et des bons rois*. Venons proptement aux applications.

» Un bon prince, comme celui de tel état de l'Europe que vous voudrez, régnant d'une manière égale et pacifique, par suite d'héritage, sur des sujets qui l'aiment tous de même, à l'aide des anciennes mœurs, de coutumes respectables et constamment respectées dans son royaume, soutenu et entouré d'une vieille noblesse, puissante et considérée dans le pays, peut bien, au milieu du calme non interrompu de la monarchie, donner, accorder, octroyer, comme il lui plaira, une charte ou une ordonnance de réformation qui introduit la représentation nationale dans le système du gouvernement ; il n'a que faire de songer à la souveraineté de la nation, ou plutôt il obéit à la volonté du peuple, en ce qu'il consulte sa conscience et sa raison sur le plus grand bien public, *qui est la loi suprême et le souverain des rois.* Toutefois il s'abstient de tous ces mots équivoques et dangereux qui, s'ils ne signifient pas ce que nous venons de dire, ne signifient que des horreurs ou des sottises, comme les souverains de 93 ou les registres de Napoléon. Tous les sujets de ce bon prince bénissent les intentions paternelles et la générosité de leur monarque, sans qu'aucun d'eux s'avise de vouloir se couvrir de ridicule en invoquant la souveraineté nationale.

» Mais, au contraire, un prince qui, deux fois exilé de son pays, y rentre deux fois à l'aide des armées étrangères et d'un parti fanatique, haineux et intéressé, comme tous les partis depuis qu'il en existe au monde; un prince qui, ramené au sein de sa patrie abîmée, n'a plus d'autre moyen d'en sauver les derniers restes qu'en y rétablissant l'union par de légers sacrifices qu'exigent l'honneur et l'opinion, le fanatisme, si l'on veut, du parti contraire; quand une armée brave et malheureuse ne veut céder qu'avec les honneurs militaires; quand, après une révolution honteuse, un peuple fier et délicat, se retranchant sur ce qu'elle peut avoir d'honorable et de spécieux, du moins dans les expressions, rattache tout son amour-propre à soutenir de vains mots, de vaines formules, afin de n'avoir pas tant à rougir, et de se reposer avec les honneurs de cette même révolution, que fera ce prince, inconnu à l'armée, à la noblesse, à la génération nouvelle, opposant des souvenirs déplaisans à la génération précédente, calomnié surtout par les prétentions et les animosités de ses propres partisans? Il consultera, avant tout, sa raison et sa conscience *sur le salut de la patrie*, et il reconnaîtra, en souriant de pitié, que tous ces pauvres gens ne veulent pas qu'il dise, *j'octroie*, mais bien *j'accepte*, et que les autres se feront tous égorger héroïquement plutôt que de recevoir de lui un ruban blanc. Après s'être bien assuré qu'il ne s'agit *que de mots et non de choses*, il acceptera, le plus solennellement possible, une cocarde et une constitution aussi sage, aussi monarchique qu'il l'aurait pu faire lui-même. Hé! Messieurs, le peuple souverain ne vaut pas la peine qu'on en fasse tant de bruit; le peuple souverain signera, pourvu qu'il sache écrire, sur des registres qui seront ouverts dans toutes les municipalités, et le dépouillement de ces registres se fera dans la chambre des représentans, le plus sérieusement qu'il se pourra.

Tout cela est fort ridicule ; mais la patrie est sauvée, et la dix-neuvième année de notre règne ne l'est guère moins, et la patrie est perdue. »

De tous les articles que renferme le volume, voilà celui qui est écrit *dans le plus mauvais goût*, en attachant à ces mots le sens que leur donnent certaines gens. Les auteurs du Censeur s'abstiendront à cet égard de toute réflexion, et laisseront à la conscience des lecteurs à juger si c'est là le langage d'un séditieux ou d'un ennemi public.

La troisième partie du volume se compose d'une analyse des travaux de la chambre des représentans et de la chambre des pairs, créée en exécution de l'acte additionnel aux constitutions de l'Empire. Les auteurs se sont bornés, dans cette partie, à remplir le rôle d'historien ; ils ont rapporté les actes que les journaux avaient publiés, et il serait assez étrange que, dans un moment où l'on voit figurer la plupart des auteurs de ces actes dans la chambre des députés, dans la chambre des pairs, ou remplir d'autres fonctions publiques conférées par le gouvernement, ils fussent eux-mêmes poursuivis, non pour les avoir rendu ces actes publics, mais pour les avoir recueillis dans des écrits qui se trouvaient dans les mains de tout le monde.

Il est vrai qu'ils ont donné des éloges à ces deux chambres ; mais louer n'est pas un crime, sur-tout quand les choses qu'on loue sont en effet dignes de louanges. Or, qu'ont-ils approuvé dans la conduite des deux chambres ? Ils ont approuvé leur modération, le soin avec lequel elles ont écarté les hommes qui s'étaient signalés par leur dévouement au gouvernement impérial, la bonne foi qu'elles ont mise dans la rédaction de leur projet de constitution, le courage qu'elles ont montré en provoquant l'abdication de Bonaparte, enfin leur détachement de tout esprit de parti.

Des hommes qui ne savent manifester leur amour pour certaines personnes qu'en montrant une haine violente contre certaines autres, ont accusé les deux chambres d'avoir été essentiellement *Bonapartistes*. Cette accusation dirigée contre six ou sept cents personnes, au nombre desquelles se trouvaient les hommes les plus recommandables de France, retombait sur les colléges électoraux qui les avaient élus, et par conséquent sur la nation presque toute entière. Or, dans un moment où l'Europe armée pesait sur la France, et venait détruire le Bonapartisme, était-il bien sage à des hommes qui se disaient Français de représenter la plus grande partie de la nation comme étant entièrement dévouée à

Bonaparte ? N'était-ce pas inviter les ennemis , ou , si l'on veut, les amis à enchaîner la nation et à l'épuiser d'impôts ?

Mais, dit-on , la chambre des représentans a voulu exclure les Bourbons du trône ! La chambre n'a exclu ni appelé personne : elle a vu que la France n'était plus maîtresse de sa destinée , et elle s'est abandonnée aux événemens. Telle est du moins l'opinion que les auteurs du Censeur ont eu de sa conduite. S'ils s'étaient trompés, ce serait une erreur et non un crime ; et cette erreur serait prouvée par le volume même que la police a fait saisir. On voit en effet qu'un des motifs pour lesquels ils approuvent la conduite de la chambre, est le soin qu'elle avait pris d'éviter de se servir , dans son projet de constitution , du mot d'empereur ou de roi, *afin de n'alarmer aucun parti , et de laisser à la force des événemens le choix du prince qui devait gouverner la France.* Si la chambre avait voulu exclure du trône la famille actuellement régnante, elle n'aurait assurément pas supprimé dans la révision de l'acte additionnel le dernier article que Bonaparte avait jugé à propos d'y insérer.

Si la chambre des représentans a gardé des ménagemens pour l'empereur déchu, ou si elle a paru quelquefois incliner vers la dynastie impériale, les causes en ont été expliquées dans les pages 252 et 253 de l'ouvrage saisi.

« Napoléon, y est-il dit, avait en effet abdiqué son autorité ; mais il ne s'était pas dépouillé de la puissance : il était resté environné de ses gardes ; ses ministres lui rendaient compte de ce qui se passait ; ses agens agitaient l'esprit des fédérés qu'on avait réunis aux environs de son palais ; des cris de *vive l'empereur* se faisait entendre de tous côtés ; des harangueurs réunissaient publiquement les ouvriers et leur faisaient le tableau de tout ce que Napoléon avait fait d'utile pendant le cours de son règne. Si dans un pareil moment l'ex-empereur avait été poussé au désespoir, il aurait bien pu se mettre à la tête de ses gardes et des fédérés, disperser les membres de l'assemblée, et commencer une guerre plus terrible que toutes celles que nous avons vues jusqu'à ce jour.

» Il est une autre circonstance qu'il ne faut pas perdre de vue, parce qu'elle a puissamment influé sur les événemens qui ont eu lieu depuis l'abdication jusqu'au moment où la force armée s'est emparé du lieu où la chambre tenait ses séances. Il s'était formé dans l'intérieur de Paris un club qui se proposait d'élever au trône le fils de Napoléon au préjudice des Bourbons. Pour arriver à ce résultat, il faisait savoir à l'armée que la chambre des représentans ne voulait reconnaître que Napoléon II pour chef de l'État ; et qu'ainsi elle devait la soutenir dans cette résolution. Lorsqu'ensuite les commissaires de la chambre se rendaient aux armées , les soldats et les officiers croyant obéir à la volonté nationale, faisaient retentir les airs de vive Napoléon II ! Et ce sont ces écrits qu'on rapportait à l'assemblée comme une détermination prise par l'armée entière , détermination que la chambre ne pouvait contrarier , disait-on, sans allumer la guerre civile. »

Telle est l'interprétation que les auteurs du Censeur ont donnée de quelques actes de la chambre des représentans, interprétation qui leur a été fournie par des hommes dont la bonne foi ne peut pas être mise en doute.

Mais quels sont au fond les délits ou les crimes qu'on aurait pu trouver dans le voulume qu'on a saisi ? Est-ce le crime prévu par l'article 102 du Code pénal ? On ne le pense pas ; car bien loin d'avoir cherché à troubler l'état par la guerre civile , ils ont au contraire invité constamment les citoyens à la concorde ; les articles même dont on pourrait le plus se plaindre ont tous été dictés par un esprit de conciliation , comme le prouvent les passsages précédemment rapportés.

L'article précité, qui se trouve dans la section, relative aux crimes contre la sûreté de l'état , est conçu d'ailleurs de manière à exclure l'idée que les auteurs du Censeur puissent se trouver dans le cas qu'il prévoit. « Seront punis comme cou-
» pables des crimes et complots mentionnés dans
» la prétente section (de la peine de mort), tous
» ceux qui, soit par discours tenus dans des
» lieux ou réunions publics, soit par placards
» affichés , *soit par des écrits imprimés* , auront
» excité *directement* les citoyens ou habitans à
» les commettre. »

Dans le volume dont il s'agit, il n'existe au-cune excitation *directe* ni *indirecte ;* et il serait assez difficile de concevoir comment des hommes qui , sous le gouvernement impérial, se sont cru calomniés par l'imputation d'avoir concouru à la chute du gouvernement des Bourbons, auraient eu le dessein de le renverser après son rétablis-sement , et dans un moment où les ministres et les généraux de toutes les puissances de l'Europe venaient de déclarer que *tous les souverains s'étaient engagés à replacer Louis XVIII sur le trône* (1). L'ouvrage d'ailleurs n'était pas

____

(1) Censeur , tom. 7 , pag. 299.

imprimé clandestinement. La déclaration prescrite par la loi avait été faite à la direction de la
librairie ; le volume s'imprimait donc en quelque
sorte sous les yeux de la police ; il ne pouvait
être mis en vente qu'après que le dépôt en aurait
été fait, et que l'autorité en aurait délivré un
récépissé ; enfin il ne se liait à rien qui pût
porter ombrage à l'autorité.

Si le volume ne renferme aucune provocation,
n'a-t-il pas pu du moins été saisi comme renfermant des imputations calomnieuses ? Voici
comment l'article 367 du Code pénal définit la
calomnie : « Sera coupable du délit de calomnie,
celui qui, soit dans des lieux ou réunions *publics*, soit dans un acte authentique et *public*,
soit dans un écrit imprimé ou non *qui aura été
affiché, vendu ou distribué*, aura imputé à un
individu quelconque des faits qui, s'ils exis-
taient, exposeraient celui contre lequel ils sont
articulés, à des poursuites criminelles ou correc-
tionnelles, ou même l'exposeraient seulement au
mépris ou à la haine des citoyens. »

Dans le volume saisi il n'existe aucune imputation de cette nature. Mais ce qui dispense toute
discussion sur le contenu de l'ouvrage, c'est
qu'au moment où il a été saisi, il n'avait été ni
affiché, ni *vendu*, ni *distribué*, et que, par con-

séquent, il ne pouvait y avoir de calomnie. L'ouvrage n'était donc point saisissable, puisqu'il n'y
avait pas de délit.

Mais n'y avait-il pas *tentation d'un délit ?*
L'article 3 du Code des délits et des peines
répond à cette question : « Les tentations de
délit, dit-il, ne sont considérées comme *délit*,
que dans les cas déterminés par une disposition
spéciale de la loi. » Dans l'espèce actuelle, il
n'existe aucune disposition spéciale : il n'y avait
donc pas de tentation.

S'il n'existait ni calomnie ni tentative de calomnie, ne pouvait-on pas au moins saisir le volume comme renfermant des expressions inju-
rieuses ? La loi répond encore à cette question
d'une manière négative. « Quant aux injures ou
aux expressions outrageantes qui ne renferme-
raient l'imputation d'aucun fait précis, mais
celle d'un vice déterminé, si elles ont été pro-
férées dans des lieux ou réunions publics , ou
insérées dans des écrits imprimés ou non, *qui
auraient été répandus et distribués*, la peine
sera d'une amende de seize à cinq [francs. » Il
n'existait dans le volume saisi aucune imputation de ce genre; et quand même il y en aurait
eu quelqu'une, il n'y aurait pas eu de délit ,
puisqu'il n'y a pas eu de délit ou distribution.

Enfin , l'ouvrage ne pouvait-il pas être saisi et mis au pillon comme contraire aux bonnes mœurs par mesure de simple police ? Il est bien vrai que le § 3 de l'article 477 du Code des délits et des peines porte : que les écrits ou gravures contraires aux mœurs , seront saisis et mis sous le pilon. Mais il n'est pas question de mœurs dans le volume saisi ; d'ailleurs l'art. 287 du même Code, veut, pour qu'il y ait délit, que l'ouvrage soit exposé ou distribué, et qu'il ne porte ni le nom de l'auteur ni celui de l'imprimeur.

Le septième volume du Censeur ne pouvait donc être saisi sous aucun prétexte ; et par conséquent il doit être restitué avec dommages et intérêts.

La lettre adressée par les auteurs du Censeur à leurs souscripteurs , et saisie par la police , n'était pas plus criminelle que le volume saisi. Les auteurs annonçaient qu'ils s'étaient conformés à la loi sur la police de l'imprimerie ; que

____

(1) La loi de 1815 sur les *cris* et les *écrits* séditieux est assez vague pour se prêter à toutes les interprétations imaginables. Si le ministère public voulait en tirer quelque conséquence , on lui répondrait par l'art. 4 du Code des délits et des peines , ainsi conçu : « Nulle contravention , nul délit , nul crime , ne peuvent être punis de peines qui n'étaient pas prononcées par la loi avant qu'ils fussent commis. »

leur ouvrage avait été saisi avant que l'impression
en eût été terminée, et qu'on avait refusé, soit
de le leur rendre, soit de le déférer aux tribunaux. Ces faits n'avaient rien de calomnieux,
puisque les uns étaient prouvés par les procès-
verbaux des agens de la police, et que les autres
ont été constatés par jugement (1). D'ailleurs la
plainte portée en police correctionnelle par les
auteurs du Censeur, contre le commissaire de
police, n'a point été jugée calomnieuse, et aucun
des faits avancés par eux n'a été contesté.

La quatrième édition de la brochure intitulée :
*De l'impossibilité d'établir une monarchie
constitutionnelle sous un chef militaire, et particulièrement sous Napoléon*, a été également
saisie. L'auteur ne pouvant pas soupçonner pour
quelle cause, attendra pour se défendre qu'on
lui fasse connaître le délit qui lui est imputé. Si
les opinions de l'auteur ont été cause de cette
saisie, il est juste de les faire connaître au public. En voici le résumé tel qu'il se trouve dans
l'ouvrage saisi :

(1) La saisie du septième volume du Censeur fut faite
dans les premiers jours de septembre ; et à l'audience du
15 novembre, le substitut du procureur du roi se réserva
d'en poursuivre les auteurs. Son exc. le ministre de la
police a donc commis une erreur, lorsqu'elle a dit que
l'ouvrage avait été déféré aux tribunaux immédiatement
après la saisie.

« En entrant dans ces détails, dit-il, j'ai voulu faire connaître *par des faits* que, dans notre opinion, chacun est obligé de se soumettre au gouvernement de son pays, reconnu par la majorité de ses habitans ; que, lorsqu'il agit contre le bien public et contre ses propres intérêts, il est du devoir de tout citoyen de lui faire connaître la vérité ; que, s'il est attaqué par quelque faction, chacun doit le défendre selon ses moyens ; que, si l'on ne peut pas le soutenir, on doit faire en sorte que celui qui lui succède s'établisse le plus régulièrement et le plus sagement possible ; enfin, que lorsque celui-ci est établi et librement reconnu par la majorité, on lui doit la même fidélité qu'on devait au premier, auquel dès-lors on ne doit plus rien. »

Si ces principes sont criminels, et s'il existe en France des lois qui punissent les hommes pour les avoir professés, il est évident que l'auteur de la brochure saisie doit être puni, parce qu'ils ont toujours été les siens.

Il résulte de ce qui précède qu'après l'établissement du gouvernement des Bourbons, les auteurs du Censeur ont signalé tous les écueils contre lesquels il pouvait échouer ; qu'ils lui ont fait connaître, autant qu'il a dépendu d'eux, les dangers auxquels l'exposait le système suivi par l'administration ; que n'ayant pu empêcher qu'il se fît des ennemis , ils l'ont défendu aussitôt qu'il a été attapué, et ne l'ont abandonné qu'après que tous les élémens en ont été dispersés ; qu'ils ont ensuite fait leurs efforts pour empêcher le rétablissement du despotisme militaire , et pour prévenir l'invasion de la France par les armées coalisées ; qu'ils ont démontré qu'un seul homme était la cause des malheurs qui menaçait la nation française , et qu'il fallait l'écarter s'il n'y avait pas d'autres moyens de salut ; enfin , qu'à toutes les époques ils ont défendu ce qui leur a paru utile et vrai, sans aucune considération d'intérêt personnel, et sans qu'on ait jamais pu les accuser , avec quelque apparence de raison, de sacrifier l'intérêt public à des vues d'ambition ou aux intérêts d'un parti.

Quelles que soient les préventions que les parties enfantent, ils attendent avec la plus grande sérénité la décision des magistrats dont ils ont sollicité la décision, bien convaincus, quel que soit l'événement, qu'ils ne seront jamais condamnés par leur propre conscience.

F I N.